vision board

Eintragbuch für greifbarere Ziele, Planungen und Träume

Die Hafenprinzessin

Jeder Mensch hat Träume. Von kleineren Wünschen, die man sich tatsächlich leicht erfüllen kann bis hin zu mittel- und langfristigen Zielen, die viele Entwicklungsschritte erfordern und von einem verlangen, seinen üblichen Pfad zu verlassen und über seinen eigenen „Schatten zu springen". Die Nutzung eines Vision Boards kann diese Träume und Ziele visualisieren und damit besser begreifbar und nachhaltbar machen.

Schaut man sich die Zielsetzungen und Traumbilder häufiger in diesem Buch an und hält sie somit vor Augen, bleiben sie stetig im Bewusstsein und die Erreichung der Ziele wird damit signifikant wahrscheinlicher. Auch motiviert das regelmäßige Reflektieren der Wünsche ungemein und sorgt auch dafür, dass man immer realistischer mit den aufgezeichneten Träumen umgeht und auch mehr priorisiert.

Ein Vision Board ist dabei oftmals eine bunte Collage aus inspirierenden Fotos bzw. Bildern, Zeitungsausschnitten und Stichworten, die sich thematisch rund um die Wünsche und Träume für die Zukunft drehen. Dabei ist es ganz gleich, ob es sich um berufliche Ziele und Karriereschritte handelt (z.B. in 5 Jahren eine Führungsposition innezuhaben), um persönliche Wünsche und Vorsätze (eine Familie zu gründen, sich mehr Zeit für Hobbies zu nehmen, Unzufriedenheit abzulegen, schlagfertiger zu werden, Gewicht abzunehmen) oder auch zeitlich begrenzte Träume wie etwa „irgendwann" ein 3-monatiges Sabbatical einzulegen und mit Kajak und Biwakzelt durch die skandinavische Wildnis zu reisen.

All diese Wünsche gehören visuell dargestellt in diesem Vision Board Buch und dann heißt es: Regelmäßig anschauen und am Ball bleiben! Es sollte also immer griffbereit liegen.

Ich wünsche Ihnen persönlich viel Erfolg bei der Erreichung Ihrer Wünsche und Träume!

Ihre

Hafenprinzessin

Dieses Vision Board gehört:

_____

Impressum

Verantwortlich

Christian Flick / Mathias Weber

youneo projects flick und weber GbR, Poststraße 1, 49326 Melle

info@youneoprojects.de, www.youneoprojects.de

Herstellung und Verlag

BoD - Books on Demand, Norderstedt

Bildquellen

© Phunkod/shutterstock (Cover), ddok/shutterstock

Hafenprinzessin® ist eine eingetragene Marke der youneo projects flick und weber GbR.

ISBN: 9783751948227

Einklebefläche für inspirierende Bilder, Zeitungsausschnitte etc.

Meine Wünsche und Träume

Einklebefläche für inspirierende Bilder, Zeitungsausschnitte etc.

Meine Wünsche und Träume

Einklebefläche für inspirierende Bilder, Zeitungsausschnitte etc.

Meine Wünsche und Träume

Einklebefläche für inspirierende Bilder, Zeitungsausschnitte etc.

Meine Wünsche und Träume

Einklebefläche für inspirierende Bilder, Zeitungsausschnitte etc.

Meine Wünsche und Träume

Einklebefläche für inspirierende Bilder, Zeitungsausschnitte etc.

Meine Wünsche und Träume

Einklebefläche für inspirierende Bilder, Zeitungsausschnitte etc.

Meine Wünsche und Träume

Einklebefläche für inspirierende Bilder, Zeitungsausschnitte etc.

Meine Wünsche und Träume

Einklebefläche für inspirierende Bilder, Zeitungsausschnitte etc.

Meine Wünsche und Träume

Einklebefläche für inspirierende Bilder, Zeitungsausschnitte etc.

Meine Wünsche und Träume

Einklebefläche für inspirierende Bilder, Zeitungsausschnitte etc.

Meine Wünsche und Träume

Einklebefläche für inspirierende Bilder, Zeitungsausschnitte etc.

Meine Wünsche und Träume

Einklebefläche für inspirierende Bilder, Zeitungsausschnitte etc.

Meine Wünsche und Träume

Einklebefläche für inspirierende Bilder, Zeitungsausschnitte etc.

Meine Wünsche und Träume

Einklebefläche für inspirierende Bilder, Zeitungsausschnitte etc.

Meine Wünsche und Träume

Einklebefläche für inspirierende Bilder, Zeitungsausschnitte etc.

Meine Wünsche und Träume

Einklebefläche für inspirierende Bilder, Zeitungsausschnitte etc.

Meine Wünsche und Träume

Einklebefläche für inspirierende Bilder, Zeitungsausschnitte etc.

Meine Wünsche und Träume

Einklebefläche für inspirierende Bilder, Zeitungsausschnitte etc.

Meine Wünsche und Träume

Einklebefläche für inspirierende Bilder, Zeitungsausschnitte etc.

Meine Wünsche und Träume

Einklebefläche für inspirierende Bilder, Zeitungsausschnitte etc.

Meine Wünsche und Träume

Einklebefläche für inspirierende Bilder, Zeitungsausschnitte etc.

Meine Wünsche und Träume

Einklebefläche für inspirierende Bilder, Zeitungsausschnitte etc.

Meine Wünsche und Träume

Einklebefläche für inspirierende Bilder, Zeitungsausschnitte etc.

Meine Wünsche und Träume

Einklebefläche für inspirierende Bilder, Zeitungsausschnitte etc.

Meine Wünsche und Träume

Einklebefläche für inspirierende Bilder, Zeitungsausschnitte etc.

Meine Wünsche und Träume

Einklebefläche für inspirierende Bilder, Zeitungsausschnitte etc.

Meine Wünsche und Träume

Einklebefläche für inspirierende Bilder, Zeitungsausschnitte etc.

Meine Wünsche und Träume

Einklebefläche für inspirierende Bilder, Zeitungsausschnitte etc.

Meine Wünsche und Träume

Einklebefläche für inspirierende Bilder, Zeitungsausschnitte etc.

Meine Wünsche und Träume

Einklebefläche für inspirierende Bilder, Zeitungsausschnitte etc.

Meine Wünsche und Träume

Einklebefläche für inspirierende Bilder, Zeitungsausschnitte etc.

Meine Wünsche und Träume

Einklebefläche für inspirierende Bilder, Zeitungsausschnitte etc.

Meine Wünsche und Träume

Einklebefläche für inspirierende Bilder, Zeitungsausschnitte etc.

Meine Wünsche und Träume

Einklebefläche für inspirierende Bilder, Zeitungsausschnitte etc.

Meine Wünsche und Träume

Einklebefläche für inspirierende Bilder, Zeitungsausschnitte etc.

Meine Wünsche und Träume

Einklebefläche für inspirierende Bilder, Zeitungsausschnitte etc.

Meine Wünsche und Träume

Einklebefläche für inspirierende Bilder, Zeitungsausschnitte etc.

Meine Wünsche und Träume

Einklebefläche für inspirierende Bilder, Zeitungsausschnitte etc.

Meine Wünsche und Träume

Einklebefläche für inspirierende Bilder, Zeitungsausschnitte etc.

Meine Wünsche und Träume

Einklebefläche für inspirierende Bilder, Zeitungsausschnitte etc.

Meine Wünsche und Träume

Einklebefläche für inspirierende Bilder, Zeitungsausschnitte etc.

Meine Wünsche und Träume

Einklebefläche für inspirierende Bilder, Zeitungsausschnitte etc.

Meine Wünsche und Träume

Einklebefläche für inspirierende Bilder, Zeitungsausschnitte etc.

Meine Wünsche und Träume

Einklebefläche für inspirierende Bilder, Zeitungsausschnitte etc.

Meine Wünsche und Träume

Einklebefläche für inspirierende Bilder, Zeitungsausschnitte etc.

Meine Wünsche und Träume

Einklebefläche für inspirierende Bilder, Zeitungsausschnitte etc.

Meine Wünsche und Träume

Einklebefläche für inspirierende Bilder, Zeitungsausschnitte etc.

Meine Wünsche und Träume

Einklebefläche für inspirierende Bilder, Zeitungsausschnitte etc.

Meine Wünsche und Träume

Einklebefläche für inspirierende Bilder, Zeitungsausschnitte etc.

Meine Wünsche und Träume

Einklebefläche für inspirierende Bilder, Zeitungsausschnitte etc.

Meine Wünsche und Träume